AF370068

CONDITIONS DE LA VENTE

Elle sera faite au comptant.

Les adjudicataires paieront cinq pour cent en sus des enchères.

L'exposition mettant le public à même de se rendre compte de l'état des objets, il ne sera admis aucune réclamation une fois l'adjudication prononcée.

Paris. — IMPRIMERIE DE L'ART, J. Rouam, imprimeur-éditeur
41, rue de la Victoire.

DÉSIGNATION DES OBJETS

FAIENCES ITALIENNES

ET AUTRES

1 — Fabrique de Pesaro. Petit plat, décor rayonnant à reflets mordorés à feuilles et palmettes.

2 — Même fabrique. Deux petites coupes dites *cuppa amatoria*, décor d'imbrications au bord et d'une rosace au centre.

3 — Fabrique de Caffagiolo. Petite coupe de même forme à bandes circulaires en bleu et jaune avec fleurs au fond.

4 — Même fabrique. Petit plat à bandes circulaires entourant un quadrillage au centre.

5 — Fabrique de Castel-Durante. Jolie coupe à figure d'amour au centre sur fond jaune et attributs guerriers au marli sur fond bleu.

6 — Fabrique de Caffagiolo. Petit plat, décor en jaune et bleu à médaillons au bord et quadrillages au centre.

7 — Fabrique d'Urbino. Petit plat représentant un sujet mythologique de quatre figures dans un paysage.

8 — Castelli. Beau plat à paysage et jeux d'enfants dans une bordure en bois sculpté.

9 — Deux jolies assiettes en vieux Rouen, décor bleu, bordure à guirlandes et cartouches quadrillés.

10 — Belle gourde en ancienne faïence italienne décorée de sujet de Danse.

PORCELAINES ANCIENNES

11 — Deux confituriers à trois godets en vieux Sèvres, pâte tendre, à décor de fleurs et filets bleus.

12 — Vase ovoïde en céladon de la Chine, avec monture à deux anses composées de rinceaux de feuillages en bronze ciselé et doré du temps de Louis XVI.

13 — Deux chimères chinoises en ancienne terre émaillée rouge flambé.

14 — Chimère en ancien céladon flambé bleu et violet.

15 — Trois plats en ancienne porcelaine de Chine et du Japon.

16 — Six assiettes en ancienne porcelaine de l'Inde.

17 — Six assiettes en ancienne porcelaine du Japon, bleu, rouge et or.

18 — Deux cornets en vieux Chine à décor de figures et de fleurs en émaux de la famille verte.

19 — Deux grandes coupes en vieux Japon bleu, décor bleu à compartiments.

20 — Plat en vieux Chine à rosace au centre et compartiments au marli. Époque des Ming.

21 — Beau plat en vieux Chine, décoré en émaux de la famille verte d'un rocher fleuri au centre et d'une bordure à réserves.

22 — Joli plat en vieux Japon, décor à rosace et vases de fleurs.

23 — Douze tasses en vieux Chine et Japon bleu, rouge et or.

24 — Lot de tasses dépareillées en vieux Chine et Japon.

25 — Coupe en porcelaine genre Sèvres sur socle en bronze.

26 — Grand nombre d'assiettes et de plats en vieux Chine et vieux Japon.

27 — Grande coupe en porcelaine blanche de Sèvres à décor doré.

28 — Coupe en faïence de Delft avec monture en bois sculpté.

29 — Deux grands vases en porcelaine de Chine à côtes, décor bleu.

30 — Deux grands vases en porcelaine de Chine.

31 — Deux petites statuettes en céladon bleu.

32 — Un petit vase en Japon monté en bronze.

33 — Corbeille à jour en porcelaine de Saxe.

34 — Trois pièces en porcelaine, bouteilles, coupes et vases.

35 — Deux vases en porcelaine moderne de Chine.

36 — Deux jardinières laquées.

OBJETS DE VITRINE

37 — Coupe du xviᵉ siècle, en cristal de roche gravé, à anse tête chimérique, sur pied balustre avec monture en vermeil.

38 — Deux petits bustes de femme et de guerrier romain en marbre sculpté du xviiᵉ siècle. Socles en cristal de roche.

39 — Lot de pièces en cristal de roche taillé.

40 — Couvert Louis XIII, en cuivre gravé, dans un étui de l'époque en cuir.

41 — Deux amorçoirs, en corne de cerf sculptée, représentant, l'un : le Baptême de Jean, l'autre, l'Adoration des Mages.

42 — Jolie petite boîte ronde en forme de gobelet, en vieux Saxe, finement décorée de sujets à figures, dans des paysages; monture à charnière en or guilloché.

43 — Boîte oblongue, en émail de Saxe, décorée d'un sujet Watteau sur le couvercle.

SCULPTURES

44 — Terre cuite attribuée à Clodion : Bacchante et deux petits faunes sur socle Louis XVI, en bois sculpté.

45 — Belle terre cuite du temps de Louis XVI, allégorie du Printemps, figure de femme en haut-relief, déposant une corne d'abondance sur un autel au pied duquel un enfant agenouillé.

46 — Terre cuite, attribuée à Marin. Statuette de Cérès, debout, drapée, tenant une couronne et des fleurs, socle en marbre.

47 — Marbre blanc. Deux très jolis hauts-reliefs du temps de Louis XVI, finement sculptés, représentant un bouquet de fruits et un bouquet de fleurs attachés par des nœuds de ruban.

48 — Portrait d'un Père de l'Église, bois sculpté du xvie siècle.

49 — Statuette de femme, tenant un livre, en bois sculpté et peint du xvie siècle.

5o — Deux fûts de colonnes en brèche violette, avec bases en marbre blanc.

51 — Grande croix gothique, en bois sculpté, avec
emblèmes des Évangélistes et fleurs de lis
aux extrémités.

OBJETS DIVERS

52 — Deux vases à panse ovoïde godronnée, à pié-
douche et à deux anses en cuivre argenté de
la fin du xvie siècle.

53 — Lustre Louis XIII, à neuf lumières, en cuivre
argenté, orné de mascarons et de cartouches d'ornements.

54 — Cage ancienne pouvant servir de vitrine, en
forme de monument à colonnettes carrées
cannelées, en bois peint en bleu et or, avec
des chapiteaux corinthiens en bronze doré;
elle est surmontée de quatre vases en fleurs.

55 — Jardinière Louis XIII, en cuivre rouge, à
figures d'amours et rinceaux.

56 — Petit cadre octogone avec fronton à feuillages
sculpté et ajouré.

57 — Deux flacons à liqueurs, en verre de Bohême,
dans un étui en velours rouge.

58 — Petite niche du xvie siècle avec figure de
Vierge, en bois sculpté.

59 — Deux appliques en ancien laque rouge de
Pékin, simulant des gourdes incrustées de
jade.

60 — Deux instruments de mathématiques du
xviiie siècle.

61 — Bougeoir d'applique en laque et cuivre
découpé de style Louis XV.

62 — Un volume, tome deuxième, de *l'Art de bâtir
des maisons de campagne*, par le sieur
C. E. Briseux, architecte, 1743.

63 — Album chinois, peint sur papier de riz.

64 — Deux plateaux en plaqué, une bouilloire.

65 — Dix carafes et carafons en cristal et en verre
de Bohême.

BRONZES D'ART ET D'AMEUBLEMENT

66 — Deux girandoles à trois lumières, de style
Louis XVI, en bronze doré à cannelures,
vases et festons.

67 — Deux groupes en bronze, jeux d'enfants.

68 — Deux autres groupes, jeux d'enfants.

69 — Statuette d'Hébé en bronze.

70 — Coupe en bronze.

71 — Quatre petites coupes en bronze.

72 — Pendule et candélabres en bronze doré de Denière.

73 — Trois coupes en onyx montées en bronze.

74 — Deux coupes en porcelaine de Chine montées en bronze.

75 — Un lustre en bronze doré à douze lumières.

76 — Lustre en bronze doré garni de cristaux.

77 — Grande pendule et candélabres en bronze doré de Denière.

78 — Garniture de foyer en bronze avec pelle et pincettes.

79 — Coupe en porcelaine montée en bronze.

80 — Deux paires de chenets de différents modèles.

81 — Vase en porcelaine monté en bronze.

82 — Assiette en Japon montée en bronze.

83 — Deux lampes en porcelaine de Chine montées en bronze.

84 — Bouilloire à thé en bronze.

TABLEAUX

85 — DUPRÉ (VICTOR). Paysage.

86 — SALVATOR ROSA (École de). Bataille.

87 — GIORDANO. Enfant dans des fleurs.

88 — GIORDANO. Les Présents de Rébecca.

89 — ÉCOLE NAPOLITAINE. Jeux d'enfants bacchants.

90 — ÉCOLE NAPOLITAINE. Enfants, fleurs et fruits.

91 — ÉCOLE ITALIENNE. Deux natures mortes, compositions dans le goût de Fyt.

92 — ÉCOLE ITALIENNE. La Rentrée à la ferme, tableau dans le goût flamand.

93 — ÉCOLE MODERNE. Deux pendants, vues de Naples.

94 — Coignet (Jules). Deux paysages, pastels.

95 — Coignet. Un dessin.

96 — Deux gravures par de Boissieu.

97 — Gravure d'après Terburg.

98 — Van Loo (Genre de). Pastel ovale, portrait de
femme.

99 — École allemande. Triptyque représentant
au centre le Calvaire et deux martyrs sur
les volets. Revers des volets peints en gri-
saille.

MEUBLES ANCIENS

100 — Belle horloge du temps de Louis XIV, en bois
finement sculpté à coquilles, fleurs et ornements.

101 — Six caqueteuses du xvie siècle à dossier
sculpté à mascarons et ornements variés;
elles seront vendues par deux.

102 — Grande pendule Louis XIV, et un socle de
suspension en marqueterie de cuivre et
d'écaille à chutes et ornements en bronze
doré, surmontée d'une Renommée.

103 — Deux pupitres en bois d'acajou découpé à jour.

104 — Belle harpe du temps de Louis XVI, en bois sculpté et doré à guirlandes et avec table d'harmonie peinte à paysage et attributs.

105 — Table à ouvrage du temps de Louis XVI, en bois de violette, forme ovale avec bordure de cuivre et dessus de marbre.

106 — Petite table carrée Louis XVI avec tablette d'entre-jambes.

107 — Pupitre Louis XIII en bois de violette incrusté d'ivoire avec poignées et fermoirs en argent.

108 — Petite pendule Louis XV avec socle en placage de corne verte, garnie de bronzes dorés de style rocaille.

MEUBLES MODERNES

109 — Ameublement de salon en bois doré garni de tapisseries d'Aubusson, composé d'un canapé, quatre fauteuils et deux chaises.

110 — Quatre chaises légères en bois doré, garnies de soie.

111 à 113 — Trois meubles d'entre-deux en marqueterie genre de Boulle, garnis de bronzes dorés.

114 — Table à jeu en marqueterie genre Boulle.

115 — Table en bois noir marquetée de cuivre.

116 — Trois étagères en bois de fer.

117 — Deux glaces de style Louis XIII.

118 — Un lit en palissandre.

119 — Une armoire à glace en palissandre.

120 — Une commode en palissandre.

121 — Quatre fauteuils crapauds.

122 — Guéridon garni de plaques de porcelaine.

123 — Table à rallonges en chêne sculpté.

124 — Porte-manteau en vieux chêne.

125 — Coffre à bois en velours rouge.

126 — Glace dans un cadre en bois de chêne.

127 — Toilette en bois laqué blanc, avec accessoires.

128 — Ameublement de salle à manger en chêne sculpté, composé d'une table-guéridon, un buffet à deux corps, deux dressoirs et douze chaises.

129 — Une suspension de salle à manger en cuivre.

130 — Trois canapés et quatre fauteuils garnis de moquette.

131 — Deux glaces dans des cadres dorés et ajourés.

132 — Commode en acajou.

133 — Pendule et deux coupes en marbre noir.

134 — Étagère en bambou et une petite glace.

135 — Table de nuit, un coffre à bois.

136 — Armoire à deux portes pleines.

137 — Lits de fer, literie.

138 — Meubles de cuisine et ustensiles.

ÉTOFFES, TENTURES

139 — Panneau carré en soie du temps de Louis XV, brochée à fleurs en soie de couleurs sur fond saumon.

140 — Magnifique pente en drap d'argent brodé à larges fleurs en soie de couleurs et rinceaux d'or. XVII° siècle; conservation remarquable.

141 — Portière orientale.

142 — Petit tapis en velours persan à décor de rosaces, avec bordure en piqué vert.

143 — Rideaux de fenêtre en reps avec galeries en bois doré.

144 — Rideaux de lit et de fenêtre avec galeries en bois doré.

145 — Rideaux de fenêtre en moquette avec galeries en bois doré.

146 — Cinq portières et rideaux de Karamanie.

147 — Grand tapis de salon en moquette.

148 — Grande portière en ancien damas rouge, bordée d'un effilé de soie. (Environ 14 m.)